Steine kre~~ativ~~

30 inspirierende Entwürfe

ökobuch

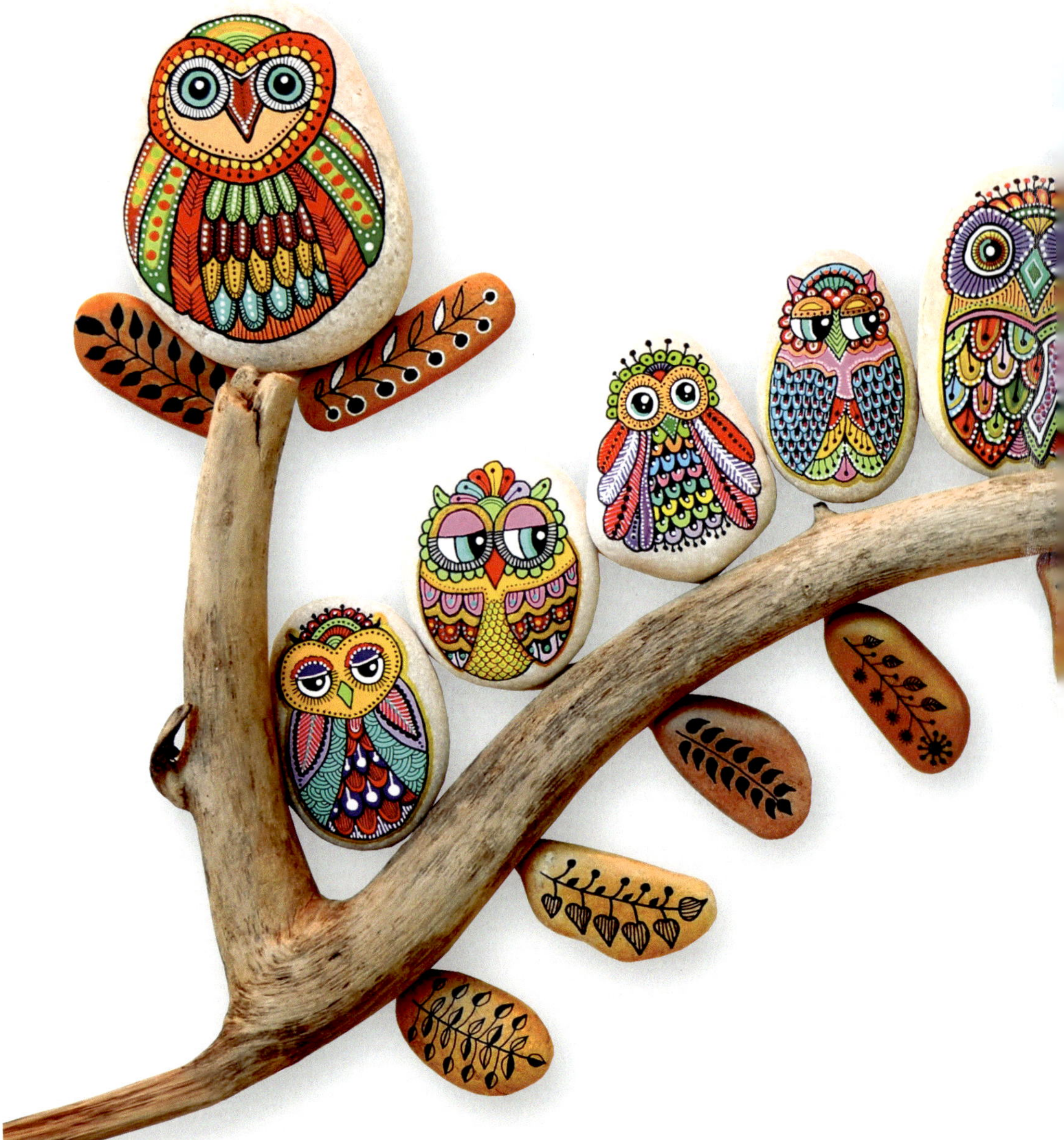

Steine kreativ bemalen

30 inspirierende Entwürfe

F. Sehnaz Bac

Liebe Lucah,

... ob für den Garten, auf Deinem Schreibtisch oder als Geschenk für Freunde – Wir wünschen Dir viel Freude beim Malen und ein buntes neues Lebensjahr.

Deine Brita & Jens

April 2022

Dieses Buch ist meinen Töchtern Ayshe und Zeynep Meric und meinem Mann Artabano Forcellese gewidmet, für ihre Geduld und ihre Unterstützung.

Bibliografische Information
der Deutschen Nationalbibliothek

Die Deutsche Nationalbibliothek verzeichnet diese Publikation in der Deutschen Nationalbibliografie; detaillierte bibliografische Angaben sind im Internet unter http://dnb.d-nb.de abrufbar.

Die amerikanische Originalausgabe des Buches erschien 2017 in den USA unter dem Titel „The Art of Stonepainting" bei Dover Publications, Mineola, New York, USA
© 2017 by F. Sehnaz Bac

Übersetzung: Renate Himmelmann, Staufen

7. Auflage 2021
© ökobuch Verlag GmbH,
   Königstr. 43, 26180 Rastede
   E-Mail: verlag@oekobuch.de
   http://www.oekobuch.de

Alle Rechte vorbehalten. Jede Art der Wiedergabe von Texten, Bildern, Photos oder Illustrationen aus diesem Buch und die Verbreitung durch Druck, elektronische, fotomechanische oder sonstige Wiedergabe, aber auch die Verwendung im Internet, sowie die Verbreitung durch Funk oder Fernsehen bedürfen der schriftlichen Zustimmung des Verlages und der Copyright-Inhaber.

Druck: Grafisches Centrum Cuno, Calbe

Unsere Bücher werden nach höchsten Ansprüchen an Nachhaltigkeit und Ökologie produziert und wir optimieren ständig weiter:
- Papiere und Pappen sind FSC® oder PEFC™ zertifiziert
- Druckfarben auf Pflanzenölbasis
- Druckplattenbelichtung komplett chemiefrei
- Klebstoffe lösungsmittelfrei
- 100% Öko-Strom bei Druck und Bindung
- Müllvermeidung und Recycling bei der Produktion
- kurze Wege, gedruckt in Deutschland

FSC
www.fsc.org
MIX
Papier aus verantwortungsvollen Quellen
FSC® C043106

Inhalt

Einleitung 6
Blühende Bäume 18
Blätterkollektion 20
Einfache Blüten 22
Blühende Pflanzen 24
Meeresmotive 26
Lustige Fische 28
Elegante Federn 30
Coole Kakteen 32
Frosch auf Seerose 36
Fröhliche Herzen 40
Einfache Mandalas 44
Geometrische Kunst 46
Einfache Vögel 48
Einfache Schmetterlinge und Libellen 50
Freie Strukturen 52
Sonnenstein und Mondstein 54
Feine Blüten 58
Mandala aus mehreren Steinen 60
Sukkulenten 64
Einfache Eulen 66
Detailreiche Mandalas 68
Farbenprächtiger Pfau 72
Feine Schmetterlinge und Libellen 74
Abstrakte Kunst 76
  Für die Festtage 78
    Phantasievolle Vögel 80
      Bunte Elefanten 82
      Einfarbige Mandalas 86
      Steinanhänger 88
      Feinstrukturierte Eulen 92
      Über die Autorin 94

Einleitung

Das Bemalen von Steinen wird in den letzten Jahren immer populärer. Es kann eine lohnende Freizeitbeschäftigung für jeden sein und einige Menschen sogar dahin bringen, die Grenze zwischen schönem Hobby und echter Kunst zu überschreiten. Die Steine, die Sie für die Malerei brauchen, sind leicht zu finden; oftmals lassen sie sich bei Spaziergängen in der Natur auflesen. Die fertig bemalten Steine können Gärten und gläserne Vasen schmücken oder auf dem Schreibtisch oder auf einem sonstigen Möbelstück ihren dekorativen Platz finden. Wann immer Sie die Steine betrachten, werden Sie die erholsame Wirkung dieses aufgewerteten Stückes Natur in Ihrer Wohnung spüren.

Steinmalerei ist ein Hobby für alle. Es ist keine künstlerische Erfahrung erforderlich. Jeder kann sie erlernen – Erwachsene wie Kinder – und die Materialien sind nicht nur leicht erhältlich, sondern auch preiswert.

Dass Steinmalerei so schön ist und Freude bereitet, liegt an dem vom jeweiligen Stein geformten Untergrund, quasi der einzigartigen „Leinwand". Sie beflügelt die Kreativität und Phantasie des Malers und prägt am Ende den Charakter des fertigen Bildes. So entsteht beim Malen eine Art inniger Beziehung zu dem Stein, fast so etwas wie eine Gemeinschaft, die Sie durch den gesamten Malprozess führt.

Immer mehr Leute interessieren sich für diese Form der Kunst, die, abgesehen von ihrem künstlerischen Wert, auch Gelassenheit, inneren Frieden und Ruhe schenkt. Schon die Berührung und Bearbeitung des Steins kann ein Gefühl der Entspannung hervorrufen.

In diesem Buch werden Sie viele schöne und auch lustige Projekte zur Steinmalerei finden. Da ich meine Entwürfe gerne auf eine stilisierte Art phantasievoll vorzeichne und dann ausmale, begegnen Ihnen verschiedene Tiere, wie etwa skurrile Eulen, farbenfrohe Vögel, Schmetterlinge, Libellen und Pfaue. Sie finden auch einige Blumen und Pflanzen, die es in der Natur gar nicht gibt. Ich glaube, dass diese Art stilisierter Gestaltung Ihnen hilft, Ihre Kreativität zu steigern und Ihre eigene, einzigartige Kunst zu schaffen.

Das Buch leitet Sie auch an, wie Sie selbst eigene Maltechniken entwickeln können, ohne dass Sie sich Sorgen über Ihre künstlerischen Fähigkeiten machen müssen. Da jeder Stein von Natur aus einzigartig ist, stellen Sie letztendlich auch sehr persönliche, einzigartige Kunstwerke her, wenn Sie die hier vorgestellten Techniken ausprobieren. Ihre fertigen Werke werden mehr Glück in Ihr Zuhause bringen – besonders, wenn Sie Ihre Kunstwerke den Menschen schenken, die Sie lieben! Ich hoffe, es ergeht Ihnen wie mir und Sie genießen die Zeit, die Sie mit dem Bemalen von Steinen verbringen. Ich wünsche Ihnen viel Freude und Zufriedenheit bei diesem wunderbaren Freizeitvergnügen.

STEINE FINDEN UND AUSWÄHLEN

Um geeignete Steine zu sammeln, kann die Meeresküste ein geeigneter Ort für eine erste Sammlung sein. Je nach Art des Strandes können Sie hier Steine in verschiedenen Größen und Formen mit einer Vielfalt von Farbschattierungen finden.

Die beste Gelegenheit, schöne Steine zu finden, bieten allerdings die Flussufer. Das ständig fließende Wasser hat an den Steinen am Ufer oftmals Wunder gewirkt und sie schön rund und flach werden lassen, gleichmäßig und mit glatter Oberfläche, vom kleinsten Stein bis zu sehr großen.

Eine Flussmündung und seine Umgebung sowie manche Seen sind ebenfalls ideale Fundstellen. Diese Bereiche sind kostbare „Steinbergwerke", mit fast unbegrenzter Auswahl. Informieren Sie sich aber gegebenenfalls, ob das Sammeln und Entfernen von „Naturobjekten" in dem jeweiligen Bereich erlaubt ist.

Wenn Sie mit der Suche nach geeigneten Steinen beginnen, ist es wichtig, dass Sie bereits eine Vorstellung davon haben, für welches Projekt Sie die Steine verwenden wollen. Wenn Sie schon ein Projekt im Sinn haben, fällt es leichter, gezielt Ausschau nach Steinen passender Form und Größe zu halten. Sie können aber auch einfach alle Steine sammeln, die Ihnen gefallen, und sich hinterher zu verschiedenen Projekten inspirieren zu lassen. Vergessen Sie nicht, dass aus jedem Stein, den Sie unterwegs auflesen, ein einzigartiges Kunstwerk werden kann.

Bei der Frage, welche Steine Sie sammeln wollen, ist es jedoch immer besser, sich für solche mit glatter Oberfläche zu entscheiden, da Sie damit weniger Probleme beim Zeichnen und Malen haben. Wenn Sie glatte schwarze Steine und Kiesel finden, sollten Sie unbedingt auch einige davon mitnehmen – sie eignen sich wunderbar für einfarbige Muster.

Die Suche nach Steinen kann sehr genussvoll sein, zumal auch Ihre Familie Sie bei dieser Beschäftigung begleiten kann. Es ist eine schöne, erholsame und gesunde Betätigung für alle.

Wenn Sie weit entfernt vom Meer oder von einem größeren Fluss wohnen, müssen Sie sich trotzdem keine Sorgen machen Schöne Steine lassen sich auch auf Feldern, bei größerem Erdaushub und vielleicht in Bastelläden und Heimwerker- und Gartencentern finden.

DIE STEINE FÜR DAS BEMALEN VORBEREITEN

Bevor Sie Ihre neu gewonnenen Steine bemalen, ist noch einen weiterer Schritt zu bewältigen: Alle Ihre Steine und Kiesel müssen gründlich gewaschen werden.

Wenn Sie sie nach Hause gebracht haben, legen Sie sie ein paar Stunden ins Wasser, um sie von allem Schmutz zu befreien. Reinigen Sie sie dann mithilfe einer weichen Bürste und etwas milder Seife unter fließendem Leitungswasser. Lassen Sie sie mindestens einen Tag im Freien in der Sonne trocknen, je nachdem, wie porös die Steine sind.

Während glatte Steine keine weiteren Vorbereitungen benötigen, sollten Sie bei porösen Steinen, die Sie wegen ihrer speziellen Form verwenden wollen, etwas zusätzliche Mühe aufwenden. Glätten Sie die Oberfläche sanft mit extrafeinem Schleifpapier (240er bis 400er Körnung) und berücksichtigen Sie dabei jede kleine Unebenheit. Wenn Sie mit dem Schleifen fertig sind, entfernen Sie den Staub gründlich mit einem feuchten Tuch oder einer Bürste.

Falls der Stein noch zu rau ist, können Sie auch zwei Schichten weißer Acrylfarbe als Grundierung auftragen. Dabei Sie den Pinsel fest aufdrücken, damit die Poren die Farbe aufnehmen und so eine möglichst glatte Oberfläche entsteht. Ist die Farbe völlig getrocknet, schleifen Sie den Stein wie oben beschrieben.

Ich empfehle weiße Acrylfarbe als Grundierung, um die Farben hervorzuheben, die Sie später beim Bemalen des Steins verwenden, denn Acrylfarbe dunkelt beim Trocknen gerne nach.

WERKZEUGE UND MATERIALIEN

Wenn Sie Ihre Steine so vorbereitet haben, können Sie sich gleich an die Arbeit machen. Schauen wir also, welche Materialien und Werkzeuge Sie brauchen und welche sich für Sie am besten eignen. Für die Steinmalerei müssen Sie nur sehr wenig Geld investieren. Ein paar Pinsel und Acrylfarben reichen für die leichteren Projekte am Anfang aus.

Pinsel

Pinsel gibt es in verschiedenen Größen und Qualitäten. Es empfiehlt sich immer, Pinsel von guter Qualität zu wählen; sie halten länger und führen zu besseren Arbeitsergebnissen bei den Projekten in diesem Buch.

Sie brauchen runde Pinsel in verschiedenen Größen, vor allem die Größen 1, 2 und 3 und für Details die Größen 0, 00 und 000. Für größere Oberflächen benutze ich Pinsel der Größen 14 und 16. Waschen Sie Ihre Pinsel immer mit warmem Seifenwasser aus, wenn Sie mit dem Malen fertig sind. Sie können auch spezielle Künstlerbedarfsprodukte (Pinselseifen) benutzen. Lassen Sie Ihre Pinsel niemals in einem Wassergefäß stehen; das ruiniert ihre Form. Es ist besser, sie nach dem Auswaschen senkrecht aufzuhängen, mit den Haaren nach unten, ohne dass die Spitzen eine Oberfläche berühren. Sie können dafür einen Pinselhalter benutzen, der auch als Wassergefäß („Pinselwaschbehälter") verwendbar ist.

Farben

Acrylfarben sind für die Steinmalerei am besten geeignet. Es gibt sie in glänzenden und lebhaften Farben und sie lassen sich leicht auftragen. Alternativ können Sie auch jede andere wasserbasierte Künstlerfarbe verwenden. Acrylfarben sind in Tuben, Gläsern oder Plastikbehältern erhältlich. Sie trocknen schnell aus, deshalb ist es ratsam, die Behältnisse nach dem Gebrauch gut verschlossen aufzubewahren. Wenn Sie Farben mischen wollen, um verschiedene Schattierungen zu erhalten, sollten Sie kleine Mengen auf einer Palette anmischen. Auch wenn die Farben geruchslos sind, sollten Sie

Ihren Arbeitsplatz möglichst gut belüften, während Sie sich dort aufhalten.

Bleistifte

Sie brauchen harte Bleistifte, um die Entwürfe auf die Steine zu übertragen. Benutzen Sie Bleistifte mit einer Härte von mindestens 2H. Auf diese Weise vermeiden Sie es, unnötig viel Grafit auf Ihren Stein zu schmieren; er lässt sich nur schwer wegputzen. Benutzen Sie zur Fehlerkorrektur einen weichen Künstlerradiergummi. Für Skizzen auf dunklen Steinen verwenden Sie einen weißen Farbstift.

Acrylstifte (paint pens)

Wenn Sie ein Projekt mit komplizierterem Muster angehen wollen, sollten Sie Acrylstifte wählen. Sie sind leicht, handlich und bestens für die Zeichnung von Details auf Steinen geeignet; sie sind darüber hinaus auch für kompliziertere Muster gut brauchbar. Die meisten haben eine Druckvorrichtung zum Freisetzen der Farbe, schütteln Sie sie also gut vor jedem Gebrauch. Es gibt sie in verschiedenen Größen und Stärken, wie z.B. small, fine, medium und large. Einige haben auch extrafeine Spitzen, die Sie zum Auftragen kleinster Flächen auf Ihrem Bild oder Ihrer Farbzeichnung benötigen. Je nach Werk können Sie jede beliebige Größe wählen. Sie können auch verschiedene Markierstifte für Ihre Bilder verwenden, um den von Ihnen gewählten Farben besondere Wirkung zu verleihen.

Acryltuschen

Auch Acryltuschen sind sehr nützlich, wenn Sie Ihre Steine bemalen; mit Pigmenten guter Qualität garantieren sie intensive Farben. Sie können die Tuschen mit kleinen dünnen und runden Pinseln oder mit Federhaltern auftragen und erzielen damit ein detailreiches Erscheinungsbild.

Fine-Liner (Tintenfeinschreiber) sind die bessere Wahl, wenn es um die Details in Ihren Bildern geht. Die meisten enthalten dokumentenechte, archivtaugliche Tinten und ihre extra-dünnen Spitzen, wie z.B. 0,05, sind sehr gut geeignet, um winzige Details zu ergänzen. Falls Sie sie zum Bemalen von Flächen verwenden, sollten Sie sich vergewissern, dass die Schicht, die Sie bemalen wollen, völlig trocken ist und die Tinte sich nicht mit der Farbe vermischt.

Andere Materialien

Wenn Sie Zweifel an Ihrer Fähigkeit haben, freihändig auf Stein zu zeichnen oder zu malen, können Sie ein Bild auch mit Hilfe von Schablonen übertragen oder Pauspapier verwenden. Es sind verschiedene Sorten erhältlich, z.B. Kohlepapier für helle Oberflächen und weißes Durchschlagpapier für dunklere Oberflächen. Benutzen Sie die Durchschlagpapiere mit Vorsicht, denn wenn Sie Fehler machen, lassen sich die Konturen nur sehr schwer mit dem Radiergummi entfernen.

Ein Becher mit Wasser zum Reinigen Ihrer Pinsel, einige Papiertücher und eine Palette zum Mischen der Farben sind die weiteren Materialien und Werkzeuge, die Sie zum Malen brauchen.

Zum Schutz Ihrer Werke benötigen Sie noch einen Lack auf Wasserbasis. Je nach Vorliebe haben Sie die Wahl zwischen glänzendem und mattem Lack, die beide entweder mit normalen Pinseln aufgetragen oder auch aus der Sprühdose gespritzt werden.

TECHNIKEN DER STEINMALEREI

Liegen Ihre Steine, Materialien und Werkzeuge bereit, können Sie mit dem Malen beginnen! Sie finden auf den folgenden Seiten 30 Entwürfe als Anregung. Im Allgemeinen verwende ich immer die gleichen Techniken. Manchmal wandle ich eine Technik ein wenig ab, aber im Wesentlichen sind es stets die gleichen Maltechniken, die Sie im Folgenden kennenlernen werden.

Grundsätzlich haben Sie immer zwei Möglichkeiten: Entweder beginnen Sie mit dem Malen direkt auf der unbehandelten Oberfläche des Steins oder Sie schaffen zuerst einen farbigen Untergrund auf der gesamten Steinoberfläche und arbeiten auf dieser Grundierung, sobald sie völlig trocken ist, die Details aus.

Jetzt ist es Zeit, Ihr Bild zu skizzieren oder zu umreißen. Wenn Sie sich über Ihr Bild noch nicht ganz im Klaren sind, skizzieren Sie es zuerst auf Papier, um einen visuellen Eindruck zu bekommen. Gefällt es Ihnen, übertragen Sie die Umrisse mit einem harten Bleistift auf den Stein. Benutzen Sie einen Radiergummi, um Fehler zu korrigieren. Versuchen Sie, möglichst saubere Bleistiftlinien auf Ihren Stein zu zeichnen.

Wenn es Ihnen schwer fällt, aus eigener Vorstellungskraft ein Bild zu entwerfen, können Sie sich Inspiration aus Büchern, aus dem Internet oder bei kreativen Freunden holen. Downloaden oder scannen Sie Motive, die Ihnen gefallen, und verändern Sie deren Größe mit einem Bildbearbeitungsprogramm, bis sie zu den Abmessungen Ihres Steins passen. Falls Sie vorhaben, Ihre Werke eventuell später zu verkaufen, sollten Sie nur solche Motive benutzen, die nicht urheberrechtlich geschützt sind. Drucken Sie das Bild aus und übertragen Sie es mithilfe von Durchschlagpapier auf die unbehandelte oder grundierte Oberfläche Ihres Steins.

Wenn Sie die Details Ihres Bildes skizziert haben, können Sie mit dem Malen beginnen. Mit einem passenden Pinsel malen Sie die Teilflächen Ihres Bildes mit den verschiedenen Acrylfarben aus, für kleine Flächen benutzen Sie dünne Pinsel mit Acryltusche. Warten Sie mindestens 10 bis 20 Minuten (oder benutzen Sie einen Föhn), bis die Farbe völlig getrocknet ist.

Danach können Sie mit Acrylstiften die Konturen Ihres Bildes nachzeichnen. Ob und wie Sie es machen, liegt ganz in Ihrem Belieben. Ich selbst mag solche konturierten Bilder sehr, aber Sie können Ihr Bild natürlich auch ohne Umrisse belassen. Achten Sie darauf, alle Bleistiftspuren zu überdecken, damit es sauber aussieht. Warten Sie eine halbe Stunde, bis die Tinte trocken ist. Auch wenn es nicht Ihre erste Wahl ist, eine kräftige schwarze Linie um Ihre bemalten Flächen macht Ihre Bilder wirklich markant.

Nun geht es darum, dem gemalten und konturierten Bild Einzelheiten hinzuzufügen. Sie können Fine-Liner unterschiedlicher Farbe, Acrylstifte verschiedener Stärken und Farben, Acryltuschen mit winzigen Pinseln und Federhalter unterschiedlicher Federstärke für diese Detailarbeit verwenden. Beim Hinzufügen von Details haben Sie unbegrenzte Möglichkeiten. Sie können versuchen, alle Ihre Materialien für solche Details einzusetzen oder Sie können sich mit nur einer Materialart begnügen. Jede Variation lässt Ihren Stein am Ende anders aussehen.

Nach einer Weile werden Sie imstande sein zu entscheiden, mit welchen Methoden und welchen Materialien Sie Ihren Stil am besten zum Ausdruck bringen und welche Techniken Sie bei der Arbeit kombinieren können. Beispielsweise macht das Hinzufügen kleiner Details auf einem bemalten Stein großen Spaß. Probieren Sie dünne Linien, Kreise, Punkte, Halbkreise, Dreiecke und Quadrate aus.

Alle vorgestellten Techniken können für jedes Projekt in diesem Buch verwendet werden. Beim Anschauen der Projekte werden Sie feststellen, dass manche von ihnen in den detaillierten Schritt-für Schritt-Anleitungen noch näher beschrieben sind .

Bei Mandalas oder einfarbigen Bildern arbeite ich direkt auf der Oberfläche des Steins, wobei ich in der Mitte beginne und nach außen mit ruhiger Hand und gleichmäßigen Bewegungen Linien, Kreise und Halbkreise hinzufüge. Für ein ordentliches Ergebnis erfordert diese Arbeit besondere Sorgfalt und Konzentration.

Nachdem Sie Ihr Werk beendet haben, lassen Sie es 24 Stunden im Dunkeln trocknen.

VERSIEGELUNG UND SCHUTZ DER BEMALTEN STEINEN

Sobald Ihre fertigen Schmuckstücke vollständig getrocknet sind, sollten Sie sie vor Schadstoffen in der Luft und gegen Alterung ganz allgemein schützen. Ich tue das immer, auch wenn ich die Steine nur drinnen aufbewahre. Getrocknete Acrylfarben werden durch Wasser nicht aufgelöst, aber mit der Zeit und bei ungünstigen Bedingungen verlieren sie an Leuchtkraft, auch kann das Bild versehentlich durch falsche Handhabung beschädigt werden.

Sie können flüssigen Acryllack oder ein entsprechendes Spray verwenden. Wählen Sie in beiden Fällen Produkte, die als zusätzlichen Schutz einen UV-Filter enthalten. Dieser Lack versiegelt Ihr Bild auf dem Stein, gibt ihm den letzten Schliff und vertieft obendrein die optische Wirkung der Farben. Tragen Sie mit breiten Pinseln zwei oder drei Schichten flüssigen Lack auf und lassen Sie nach jedem Auftrag mindestens ein paar Stunden Zeit zum Trocknen.

Einen Spraylack sollten Sie nur im Freien auftragen und dabei eine Schutzmaske tragen, um die Farbdämpfe nicht einzuatmen. Schützen Sie die Unterlage, auf die Sie Ihren Stein legen; sprayen Sie aus einer Entfernung von mindestens 20 Zentimetern und warten Sie immer einige Stunden zwischen jeder Beschichtung. Denken Sie daran, dass solche Sprays leicht entzündlich sind; seien Sie deshalb vorsichtig und halten Sie jede Zündquelle fern.

Bei Steinen, die im Freien liegen sollen, ist es vorteilhaft, diese durch eine besonders dicke Lackschicht zu schützen. Dazu empfiehlt es sich, den Lack in vier oder fünf Schichten aufzutragen.

Egal ob Sie streichen oder sprühen, wählen Sie glänzenden oder matten Lack je nach Ihrem Geschmack. Für einige Entwürfe, wie z.B. für Fische, empfehle ich den Gebrauch von glänzendem Lack, wohingegen detailreiche Mandalas mit einem matten Lack meines Erachtens eleganter und kunstvoller wirken.

Jetzt ist Ihr Stein bereit für seine endgültige Bestimmung!

Wie man Steine bohrt

Mancher Stein ist an sich schon ein wunderschöner Naturgegenstand. Mit Ihren Verzierungen wird er noch schöner und kann dann auch als Schmuckstück verwendet werden, z.B. als Anhänger. In diesem Fall werden Sie vermutlich ein Loch hineinbohren wollen, um darin einen kleinen Ring zu befestigen. Um ein Loch in den Stein zu bohren, brauchen Sie einige Werkzeuge, am wichtigsten ist ein feines Bohrwerkzeug, z.B. eine handliche Dremel-Multifunktion-Bohrmaschine mit einer Reihe feiner Diamantspitzen (zwischen 1,5 und 3 mm), und ein Schraubstock zum Fixieren des Steins, den Sie bearbeiten wollen. Um ein etwaiges Auseinanderbrechen zu vermeiden, wählen Sie einen gleichmäßig dicken Stein ohne Äderung oder kleine Löcher.

Sicherheit ist wichtig: Tragen Sie stets eine Schutzbrille und ggf. auch eine Schutzmaske, um sich vor Staub und fliegenden Splittern zu schützen.

Zeichnen Sie mit einem Kugelschreiber oder Bleistift einen Punkt auf die Stelle, an der Sie bohren wollen, und arbeiten Sie langsam mit stetigem und leichtem Druck. Stellen Sie den Bohrer auf eine mittlere Drehzahl ein. Beeilen Sie sich nicht – für diese Arbeit brauchen Sie eine Menge Geduld.

Wenn das Loch gebohrt ist, setzen Sie mit Hilfe einer Zange den Ring ein und fixieren ihn mit Superkleber. Warten Sie 48 Stunden, bis der Kleber getrocket ist. Dann können Sie anfangen Ihren Stein zu bemalen.

Steine ausstellen und verwenden

Vielleicht wollen Sie Ihre bemalten Steine Freunden, Verwandten und Kollegen schenken. Diese werden ihre Unikate schätzen, weil sie sich bewusst sind, dass sie von Hand mit Ihrer Liebe, Kreativität und Fantasie hergestellt wurden.

Sie können sie auch zur Verschönerung Ihres Zuhauses verwenden: auf einem Bücherregal, auf Ihrem Couchtisch oder zur Dekoration eines besonders gedeckten Esstisches oder eines Buffets. Sie können auf einem Fenstersims aufgereiht zur Schau gestellt werden oder Sie können mit ihnen auch eine gerahmte hölzerne Schautafel gestalten, auf der Sie die Steine anordnen und mit Heißkleber oder Superkleber befestigen. Wählen Sie dafür kleinere, leichtere Steine. So schaffen Sie ein einzigartiges Dekorationsstück für Ihre Wand.

Je nach Größe können die Steine auch als Buchstützen, Türstopper oder als Briefbeschwerer auf Ihrem Schreibtisch benutzt werden. Ihre Anwesenheit bringt auf jeden Fall mehr Freude und eine dekorative Note in Ihr Heim.

Wenn Sie, wie oben beschrieben, fachgerecht für den Aussenbereich lackiert sind, können die bemalten Steine auch neben Pflanzen im Garten, direkt auf Töpfe, entlang eines Weges oder in die Nähe eines kleinen Brunnens gelegt werden.

Kleinere Steine kann man auf Magnete kleben: Sie können eine Menge lustiger, witziger Bilder erstellen und sie auf Ihrem Kühlschrank anbringen. Kleine Steine können auch Schmuckstücke werden, etwa Broschen, Anhänger oder Ringe, sofern sie die passende Größe haben.

Dies sind nur Anregungen. Ich bin überzeugt, dass Sie Ihre Fantasie walten lassen und noch viel mehr Einsatzmöglichkeiten für Ihre zukünftigen Werke finden werden!

Blühende Bäume

1 Bäume gibt es in vielen Formen und Größen; sie können daher auf viele verschieden große Steine gemalt werden. Für den Anfang brauchen Sie einen Stein mit einer glatten Oberfläche. Hier habe ich einen mittelgroßen Stein (2,5 -5 cm ø) verwendet.

2 Ziehen Sie mit einem Bleistift neben dem Rand eine Linie um den Stein. Malen Sie die so entstandene Fläche mit einer Acrylfarbe aus, die Ihnen gefällt. Hier habe ich Dunkelgrün verwendet.

3 Zeichnen Sie ein einfaches Baummuster direkt auf die bemalte Fläche. Benutzen Sie dabei einen dünnen runden Pinsel und weiße Tusche (oder einen weißen Acrylstift).

4 Jetzt können Sie Ihren Baum mit ein paar Details versehen. Setzen Sie einige hellgrüne Punkte an verschiedenen Stellen des Baums.

5 Fügen Sie mit ein paar rosafarbenen Punkten weitere Details hinzu; machen Sie diese Punkte kleiner, um ein ausgeglichenes Bild zu erhalten.

6 Nehmen Sie schwarze Tusche und ziehen Sie ein paar Konturlinien um die grünen Punkte und in die Zweige, um Ihren Baum stilvoller aussehen zu lassen.

Probieren Sie es aus!

Versuchen Sie, Ihren Baumentwurf direkt auf die unbehandelte Oberfläche des Steins zu zeichnen und zu malen (bei dunkleren Steinen mit hellen Farben, bei helleren Steinen mit dunklen Farben). Sie können auch die gesamte Oberfläche zuerst farbig grundieren, bevor Sie Ihre Baumskizze auftragen.

19

Blätterkollektion

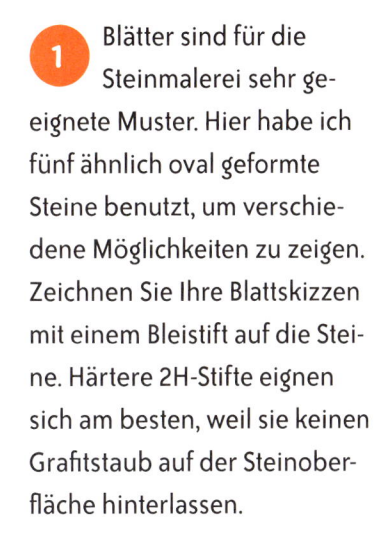

1 Blätter sind für die Steinmalerei sehr geeignete Muster. Hier habe ich fünf ähnlich oval geformte Steine benutzt, um verschiedene Möglichkeiten zu zeigen. Zeichnen Sie Ihre Blattskizzen mit einem Bleistift auf die Steine. Härtere 2H-Stifte eignen sich am besten, weil sie keinen Grafitstaub auf der Steinoberfläche hinterlassen.

2 Malen Sie Ihre Blätter mit Farben aus, die Ihnen gefallen. Sie können Acrylfarben und -tuschen sowie dünne Pinsel benutzen, sofern Sie nicht lieber mit Fine-Linern arbeiten.

3 Für zusätzliche Konturen um die Blätter herum benutzen Sie Fine-Liner. Sie können parallele Linien, Halbkreise und Punkte zeichnen und mit ihnen jedes Blatt ausfüllen. Wenn Sie mit weißer Acryltusche einige Punkte um die Konturlinien oder in den kleinen Blättern hinzufügen, schaffen Sie ein besonders ansprechendes Bild.

Einfache Blüten

1 Für dieses Projekt brauchen Sie runde flache Steine. Zeichnen Sie Ihre Blütenmuster mit einem Bleistift auf die Steine.

2 Bemalen Sie anschließend die Blüten mit Acryltusche und einem runden Pinsel der Größe 00. Wenn Ihre Farbe durchgetrocknet ist, konturieren Sie die Ränder der Blüten mit einem Fine-Liner. Das betont ihre Form und macht sie prägnanter.

3 Zeichnen Sie dann Details in Ihre Blütenbilder. Hier habe ich einfache Linien verwendet, kleine Pflanzen in die Blütenblätter gezeichnet und verschiedenfarbige Punkte hinzugefügt. Für all diese Details eignen sich besonders Acrylstifte mit extra feinen Spitzen.

Blühende Pflanzen

1 Für dieses Projekt brauchen Sie oval geformte Steine. Zeichnen Sie mit einem Bleistift ein paar einfache, winzige Pflanzen. Sie können Ihre Fantasie walten oder sich von der Natur inspirieren lassen.

2 Malen Sie Ihre Zeichnungen farbig aus und verwenden Sie dafür Acryltuschen, Federhalter und Acrylstifte. Bei Pflanzen, die nur durch Linien dargestellt werden, können Sie einfach die Bleistiftskizze mit einem Federhalter oder einem extra feinen Acrylstift nachzeichnen.

3 Verwenden Sie einen Fine-Liner, um Ihren Pflanzen Konturen und Schattierungen zu verleihen. Fügen Sie zur Abrundung Ihres Pflanzenbildes dann einige kleine Details hinzu, z.B. Punkte und dünne Linien.

Meeresmotive

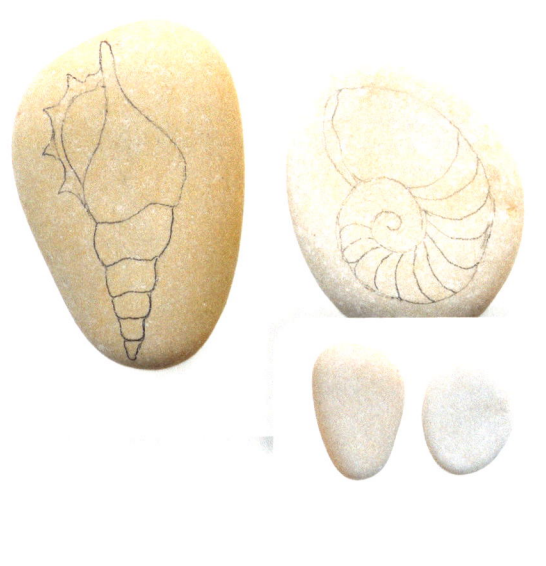

1 Suchen Sie Steine verschiedener Größen und Formen und zeichnen Sie Muscheln oder andere Seetiere darauf.

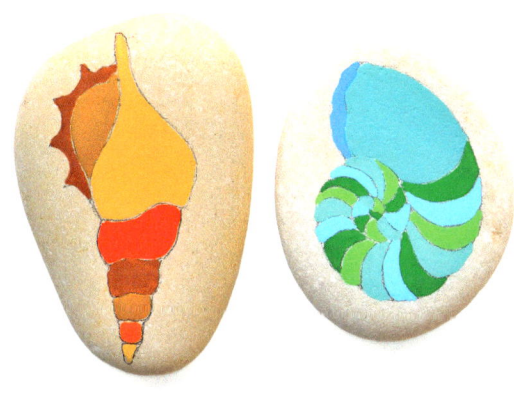

2 Malen Sie Ihre Zeichnungen mit Farben aus, die Ihnen gefallen. Hier habe ich einige Blauschattierungen und ein paar Pastelltöne benutzt. Tragen Sie die Acrylfarben und -tuschen mit dünnen runden Pinseln auf.

3 Ziehen Sie mit einem Fine-Liner schwarze Linien um Ihre Bilder. Bei kleinen Steinen und blassen Farben wirkt es prägnanter, wenn Sie das Bild mit Konturlinien versehen. Ergänzen Sie Ihre Motive mit zarten Details. Sie können schwarze oder weiße Punkte neben den schwarzen Linien anbringen oder leere Stellen mit ein paar halbovalen Formen in Schwarz und einigen parallelen Linien füllen.

Lustige Fische

1 Für dieses Projekt können Sie ovale und halbrunde Steine verwenden. Zeichnen Sie, wie immer, mit einem Bleistift die Skizze auf den Stein, hier einen stilisierten Fisch.

2 Malen Sie Ihre Zeichnung mit verschiedenen kräftigen Farben aus. Zeichnen Sie dann mit einem Fine-Liner Konturen um jede Farbfläche.

3 Jetzt können Sie anfangen, Ihrem Fisch letzte Details zu verpassen. Zeichnen Sie mit schwarzen und weißen Fine-Linern Details für die Augen, die Schuppen und den Schwanz. Probieren Sie verschiedenfarbige dicke Punkte aus, um Ihren Fisch lebendiger wirken zu lassen.

Elegante Federn

1 Für dieses Projekt können Sie ovale Steine, lange Steine oder kleine Kieselsteine verwenden. Wie immer übertragen Sie Ihre Federskizze mit einem Bleistift auf den Stein.

2 Dann malen Sie Ihre Skizze mit kräftigen Farben aus. Echte Vogelfedern sind wunderschöne Gebilde und es gibt sie in vielen verschiedenen Farben. Warum sollten Sie also nicht auch eine Menge unterschiedlicher Farben in Ihren Bildern verwenden?

3 Zeichnen Sie mit einem schwarzen Fine-Liner die Konturen nach. Jetzt können Sie Details hinzufügen. Versuchen Sie parallele dünne Linien, kleine und große Punkte in unterschiedlichen Farben und parallele Halbkreise. Um auf dunkleren Steinen Kontrast zu erzeugen, verwenden Sie weiße Tusche und einen Federhalter.

Coole Kakteen

1 Für dieses Projekt brauchen Sie oval geformte Steine. Ich habe hier drei Steine ähnlicher Form und Größe ausgesucht. Sie können auch größere oder kleinere Steine verwenden.

2 Wenn Sie Steine ausgewählt haben, können Sie gleich beginnen, diese mit Acrylfarbe zu bemalen. Mit unterschiedlichen Grüntönen werden Ihre Kakteenbilder schöner und lebendiger aussehen.

3 Achten Sie darauf, die Steine vollständig mit Farbe zu bemalen, denn sie sollen, wenn sie fertig sind, dreidimensional erscheinen. Wenn Sie verschiedene Farbschichten auftragen, lassen Sie jede Schicht mindestens eine Stunde trocknen, bevor Sie die nächste auftragen.

4 Wenn Ihre Steine durchgetrocknet sind, können Sie ein paar vertikale Linien aufmalen, als Grundlage für das Kakteenbild. Diese Linien können mit dunkelgrüner Acrylfarbe oder mit weißer Acryltusche sowie einem Federhalter aufgetragen werden.

5 In dieser Phase wird Ihr Kakteenbild ausgestaltet. Setzen Sie einige weiße Punkte auf die vertikalen Linien. Mit dickeren Linien und Punkten können Sie das Aussehen auch variieren. Probieren Sie z.B. mal gelbe Punkte, auf dem grünen Hintergrund oder entlang der dunkelgrünen Linien.

6 Ergänzen Sie Ihre Kakteenbilder um weitere Details, z.B. um kleine weiße Punkte auf den gelben Punkten. Ziehen Sie von den weißen und gelben Punkten ausgehend dünne weiße Linien, um Stacheln anzudeuten. Sie können zur Abwechslung auch einige weiße Punkte ohne Stacheln anbringen.

Probieren Sie es aus!

Legen Sie Ihre fertigen Kakteen in einen Blumentopf, in den Sie dekorativen bunten Sand und ein paar natürliche Kieselsteine als Grundlage gefüllt haben. So werden Ihre Kakteensteine daheim zu witzigen Objekten. Sie können auch Ihren Garten und Ihre Fenstersimse damit dekorieren.

Frosch auf Seerose

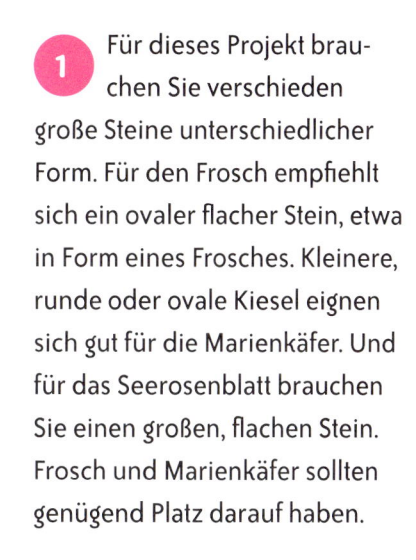

1 Für dieses Projekt brauchen Sie verschieden große Steine unterschiedlicher Form. Für den Frosch empfiehlt sich ein ovaler flacher Stein, etwa in Form eines Frosches. Kleinere, runde oder ovale Kiesel eignen sich gut für die Marienkäfer. Und für das Seerosenblatt brauchen Sie einen großen, flachen Stein. Frosch und Marienkäfer sollten genügend Platz darauf haben.

2 Mit Acrylfarbe und einem Pinsel malen Sie die Steine für die Seerosenmatte und den Frosch in verschiedenen Grüntönen an. Für den Marienkäferkieselstein verwenden Sie ein schönes dunkles Rot.

3 Skizzieren Sie Frosch, Seerosenblatt und Marienkäfer auf den Steinen. Zeichnen Sie die Froschaugen und die Hautumrisse des Froschkörpers und der Beine, ebenso die Blüte und die Blätter der Seerosen. Benutzen Sie für die feinen Umrisse einen weißen Stift, für die Körperteile des Marienkäfers einen Bleistift.

4 Grundieren Sie die später weißen Linien auf dem Frosch in einem helleren Grün. Für die Augen können Sie weiße oder gelbe Acrylfarbe verwenden. Beim Stein für die Seerose benutzen Sie Rosa für die Blüte und hellere Grüntöne für die Blätter. Konturieren Sie mit schwarzer Acrylfarbe und dünnem runden Pinsel Blätter und Blüte. Kopf und Hinterteil des Marienkäfers werden schwarz angemalt.

5 Probieren Sie bei der Seerose verschiedene Rosatöne für die Blütenblätter, so dass jedes Blütenblatt in der Mitte geteilt ist. Setzen Sie dem Marienkäfer dicke schwarze Punkte auf den Körper und zwei weiße Punkte für die Augen. Fügen Sie mit Federhalter und weißer Tusche eine Mundlinie hinzu und kleine weiße Punkte zwischen Kopf und Deckflügel.

6 Ergänzen Sie beim Frosch die hellgrünen Linien mit parallelen weißen und schwarzen Linien. Setzen Sie einige unregelmäßige Punkte in Schwarz, Gelb und Weiß. Malen Sie Details um die Augen, zunächst mit schwarzem, dann mit weißem Fine-Liner. Mit etwas schwarzer und weißer Farbe erzeugen Sie in den Augen den Eindruck einer Lichtspiegelung.

Probieren Sie es aus!

Tragen Sie drei oder vier Schichten Acryllack auf Ihre bemalten Steine auf. Damit sind Ihr Frosch und Ihr Marienkäfer für das Leben in Ihrem Hof oder Garten gerüstet.

39

Fröhliche Herzen

1 Herzen sind einfache, aber schöne Motive für die Steinmalerei. Sie brauchen einige herzförmige oder dreieckige Steine für dieses Projekt.

2 Beginnen Sie mit einem einfachen Herzumriss auf dem Stein. Benutzen Sie einen Bleistift für hellere Steine und einen weißen Stift für dunklere.

3 Ich habe hier drei verschiedene Stile verwendet, um zu zeigen, wie unterschiedlich sich Herzsteine gestalten lassen. Sie können für das Herzinnere rote Acrylfarbe nehmen, mit verschiedenen Farben starke konzentrische Linien malen oder Ihr Herzbild mit dicker weißer Farbe umranden.

4 Fügen Sie mit einem schwarzen oder weißen Fine-Liner Konturen hinzu, um ein elegantes Aussehen zu erzielen. Ziehen Sie mit Federhalter und weißer Tusche einige dünne Linien auf den dunkleren Herzkieselstein und verschönern Sie so seinen Rand.

5 Malen Sie mit verschiedenfarbigen Acrylstiften weitere Details auf Ihre Herzsteine. Hier habe ich bunte kleine Blumen in das rote Herz gemalt und ihnen schwarze Konturen gegeben. Versuchen Sie als krönenden Abschluss, mit einer Feder und goldener Acryltusche noch eine Konturlinie hinzuzufügen.

6 Bei den anderen bunten Herzen können Sie mit anderen Farben verschiedene Punkte und Linien anbringen; verwenden Sie Acrylstifte und Fine-Liner. Auf dem dunklen Kieselstein mit dem weißen Herz werten florale Linien und ein paar rote Punkte das Erscheinungsbild erheblich auf.

Probieren Sie es aus!

Wenn Ihre Steine fertig sind, können Sie sie Ihren Lieben schenken oder sie am Valentinstag für die festliche Dekoration in Ihrer Wohnung benutzen.

43

Einfache Mandalas

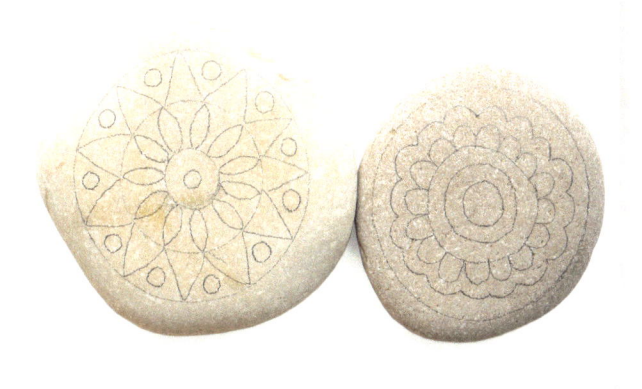

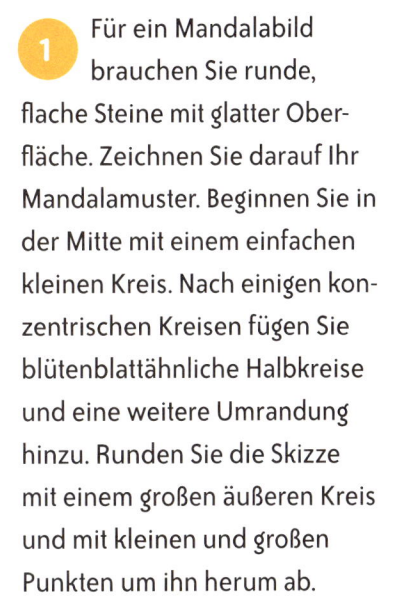

1 Für ein Mandalabild brauchen Sie runde, flache Steine mit glatter Oberfläche. Zeichnen Sie darauf Ihr Mandalamuster. Beginnen Sie in der Mitte mit einem einfachen kleinen Kreis. Nach einigen konzentrischen Kreisen fügen Sie blütenblattähnliche Halbkreise und eine weitere Umrandung hinzu. Runden Sie die Skizze mit einem großen äußeren Kreis und mit kleinen und großen Punkten um ihn herum ab.

2 Mit Acrylfarben und -tuschen malen Sie alle Teile Ihres Mandalas aus. Ich habe Gelb und Grün für das eine und mehrere Farben für das andere Mandalabild gewählt. Die Möglichkeiten sind unbegrenzt.

3 Ziehen Sie mit einem schwarzen Fine-Liner Konturen um die bemalten Teile. Setzen Sie schwarze Punkte um den Kreis in der Mitte und malen Sie kleine schwarze Dreiecke in den anderen Kreis. Setzen Sie helle Punkte in die Halbkreise und runden Sie das Mandala mit parallelen dünnen Linien sowie kleinen und großen Punkten ab.

Geometrische Kunst

1 Linien, Kreise und Quadrate sind die gängigsten Elemente, mit denen Sie Steine schmücken können. Bei diesem Projekt können Sie geometrische Elemente nach Belieben kombinieren. Das ist einfach und macht Spaß. Sie können alle möglichen Steinformen verwenden.

2 Übertragen Sie Ihren Entwurf mit Bleistift auf den Stein und setzen Sie einige parallele Linien und ein paar Kreise dazwischen. Sie können mit Linien, Kreisen, Quadraten oder einer Kombination verschiedener geometrischer Formen spielen.

3 Malen Sie jedes einzelne Teil Ihres Musters mit verschiedenen Acrylfarben aus, damit das Muster zur Geltung kommt. Wenn sie alle Teile mit einer schwarzen oder weißen Kontur versehen, wirkt Ihr Bild noch lebhafter.

4 So bringen Sie Abwechslung in Ihre Bilder: mit dünnen parallelen Linien, einigen konzentrischen Dreiecken unterschiedlichen Farben oder weißen Punkten. Benutzen Sie Acrylstifte und Fine-Liner für die Details.

Einfache Vögel

1 Suchen Sie einen Stein, der für eine Vogelgestalt passt, und skizzieren Sie mit einem Bleistift Ihr Vogelbild darauf. Zeichnen Sie ein paar konzentrische Halbkreise für die Flügel.

2 Wählen Sie zunächst Farben zum Ausmalen der Hauptpartien Ihres Vogels aus. Verwenden Sie zueinander passende Farben für ein harmonisches Aussehen.

3 Fügen Sie mit dem Fine-Liner schwarze Konturen hinzu und füllen Sie das Bild mit Details: Unterteilen Sie den Vogelkörper mit Linien und füllen Sie die Teile mit Wellen und Punkten. Teilen Sie die Flächen der Flügel durch Halbkreise und setzen dort große Punkte und Karos hinein. Wählen Sie vertikale Linien für die Schwanzfedern und große Punkte an den Schwanzspitzen. Kleine Punkte auf Schwanz, Auge und Hals des Vogels sind das i-Tüpfelchen.

Einfache Schmetterlinge und Libellen

1 Für dieses Projekt benötigen Sie zwei Arten von Steinen. Für den Schmetterling sind runde bis ovale Steine gut geeignet. Für Libellen sollten Sie große dreieckige oder ovale Steine suchen.

2 Skizzieren Sie mit einem Bleistift Schmetterlinge und Libellen auf die Steine. Danach können Sie mit dem Ausmalen beginnen. Malen Sie alle Umrisse aus.

3 Fügen Sie mit einem Fine-Liner Konturlinien hinzu.

4 Mit schwarzen Fine-Linern, Acrylstiften oder mit Acryltusche und Federhalter bringen Sie ein paar einfache Details an. Ich habe Linien und Punkte verschiedener Größen, ein paar unterschiedliche Farbflecke und winzige, kurze weiße Linien eingesetzt, um die Tiere unterschiedlich aussehen zu lassen.

Freie Strukturen

1 Es macht Spaß, Steine mit frei strukturierten Mustern zu verschönern. Bei diesem Projekt ist die Form des Steins nicht so wichtig; Sie können nach allen möglichen glatten Steinen Ausschau halten. Hier benutze ich einen dreieckigen Stein.

2 Beginnen Sie mit einer Bleistiftskizze auf der unbehandelten Oberfläche des Steins; nutzen Sie Ihre Fantasie und versuchen Sie unterschiedliche Motive.

3 Tragen Sie mit Acrylstiften oder Acryltusche Farbe auf Ihren Entwurf auf. Fügen Sie auch ein paar Konturlinien dazu.

4 Zur Fertigstellung Ihres Motivs bringen Sie mit einem schwarzen Fine-Liner Details an. Wie immer können Sie Linien, Punkte, Dreiecke, Blätter, Halbkreise, Wellenlinien und anderes zum Füllen Ihres Bildes einsetzen. Viele Details lassen Ihr Bild prächtiger wirken.

Sonnenstein und Mondstein

1 Für dieses Projekt brauchen Sie zwei große, runde Steine.

2 Grundieren Sie die Oberflächen beider Steine allseitig – gelb für die Sonne und dunkelblau/kobaltblau für das Mondbild. Warten Sie ein bis zwei Stunden, bis die Farbe vollständig getrocknet ist.

3 Übertragen Sie Ihre Skizzen mit einem Bleistift (Sonnenstein) und einem weißen Farbstift (Mondstein) auf die Steine. Zeichnen Sie in die Sonnenskizze konzentrische Kreise und einige blattähnliche Formen als stilisierte Strahlen und in die Mondskizze ein paar kleine Sterne.

4a Benutzen Sie rote und orangene Farbtöne für den Sonnenstein und malen Sie die konzentrischen Kreise mit Acrylfarbe oder -tusche aus. Ziehen Sie dann die Sonnenstrahlen mit dicken Farblinien nach, jeweils mit roten oder orangenen Acrylfarben oder -tuschen.

5a Wenn die Farbe genügend getrocknet ist, geben Sie den konzentrischen Kreisen und den Sonnenstrahlen mit einem schwarzen Fine-Liner Konturlinien.

6a Fügen Sie nun einige Details in Ihr Sonnenbild; zeichnen Sie mit orangenen und roten Acrylstiften ein paar zusätzliche Dreiecke als Strahlen und legen Sie gelbe Linien hinein. Setzen Sie noch ein paar feine Punkte und Linien zwischen die Dreiecke.

4b Ziehen Sie beim Mondbild die Skizze mit einem Federhalter und weißer Acryltusche nach. Bemalen Sie auch die kleinen Sterne und den Außenrand des Steins mit weißer Acryltusche.

5b Fügen Sie als nächstes ein paar Details hinzu, wie z.B. hellblaue Linien um den Außenrand der Dreiecke, und malen Sie die halbovalen Flächen mit weißer Farbe aus.

6b Fügen Sie noch mehr Details dazu und ziehen Sie blaue Konturen um die Sterne und in die weißen Flächen der Halbovale. Zeichnen Sie mit einer Feder dünne weiße Linien in die Dreiecke. Als stilvolles i-Tüpfelchen setzen Sie winzige Punkte in Weiß hinein und erhalten so einen Sternenhimmel.

Feine Blüten

1 Wie bei ‚Einfache Blüten' (S. 22 ff.) brauchen Sie runde flache Steine. Haben Sie diese gefunden, zeichnen Sie Ihre Blumenskizzen direkt auf die unbehandelte Oberfläche. Beginnen Sie dann mit dem Ausmalen der Blüten.

2 Wenn Sie große Steine ausgesucht haben, können Sie mit Acrylfarbe und dünnen Pinseln arbeiten. Sollen Ihre Blütenzeichnungen auf kleinere Steine kommen, können Sie gleich Acrylstifte mit extra feinen Spitzen benutzen.

3 Ziehen Sie die Konturlinien Ihrer Blütenentwürfe mit einem schwarzen Fine-Liner nach. Danach können Sie Ihre Blumenbilder mit so viel Details anreichern wie Ihre Fantasie hergibt.

4 Sie können z.B. dünne diagonale Linien aufmalen, Reihen kleiner Blütenblättermuster, Paisleymuster und Tränenmotive, kleine Punkte über großen Punkten und so weiter. Verschiedene Farben lassen Ihre Blütensteine bunt und lebendig wirken.

Mandala aus mehreren Steinen

1 Für dieses Projekt brauchen Sie sieben ähnlich geformte Steine, die gemeinsam verwendet werden. Blattförmige flache Steine sind ideal. Legen Sie all Ihre Steine in Form einer Blüte zusammen.

2 Ihren Skizzen beginnen Sie am Besten mit ein paar konzentrischen Kreisen. Füllen Sie die Mitte der Steine mit kleinen Blütenhälften aus. Bemalen Sie dann die Flächen zwischen zwei Kreisen mit Blumenmotiven, wie z.B. Blütenblattreihen mit Blumenhälften dazwischen, Dreiecksreihen und so weiter.

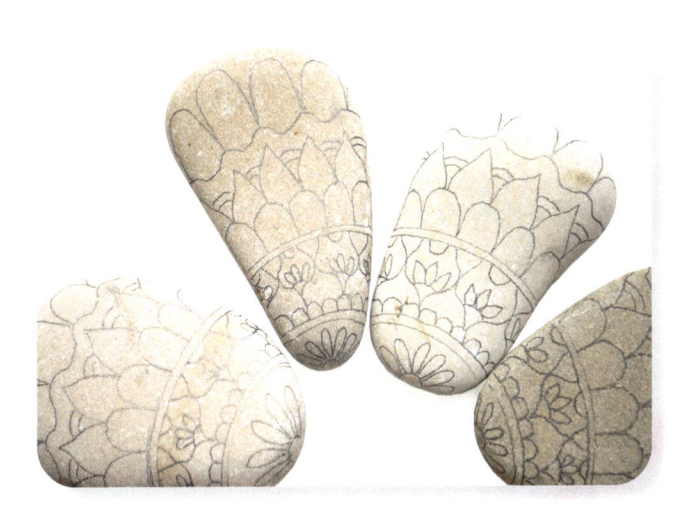

3 Füllen Sie die verbliebenen leeren Flächen mit Halbovalen und Dreiecksreihen.

4 Malen Sie Ihre Blütenblätter mit unterschiedlichen Farben aus und benutzen Sie dafür Acrylfarbe oder -tusche und dünne Pinsel.

5 Ziehen Sie anschließend mit einem schwarzen Fine-Liner die Konturlinien kräftig nach. Danach können Sie beginnen, Ihre Blütenblätter mit Details zu versehen. Verwenden Sie einfache Linien und Punkte, wie es im Bild zu sehen ist.

6 Unterteilen Sie die kleinen blütenblattähnlichen Teile mit Linien, verwenden Sie einfache Pflanzenmotive oder große Punkte zum Füllen der Teilflächen. Nehmen Sie für diese Arbeit Acrylstifte mit extra feiner Spitze, Federhalter mit Acryltusche oder sehr dünne Fine-Liner, je nachdem, wie viele Details Sie auf Ihren Steinen unterbringen wollen.

Tipp!

Benutzen Sie einen Zirkel für die konzentrischen Kreise. Sie können die Steine mit doppelseitigem Klebeband auf dem Untergrund fixieren, damit sie sich nicht von der Stelle bewegen, während Sie Ihre Motive skizzieren.

63

Sukkulenten

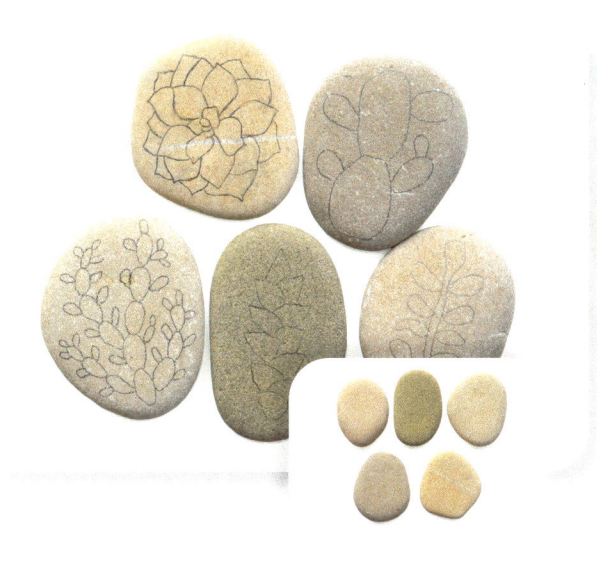

1 Suchen Sie kleine, flache Steine unterschiedlicher Form, etwa runde oder ovale, und skizzieren Sie mit einem Bleistift Sukkulenten auf die Steine. Wählen Sie dann die Acrylfarben aus, die Sie benutzen wollen.

2 Hier habe ich natürlich wirkende Farben gewählt, wie Grün und Türkis. Malen Sie die Flächen Ihrer Zeichnung mit verschiedenen Grüntönen aus, um die Sukkulenten natürlich erscheinen zu lassen. Bringen Sie dann mit einem schwarzen Fine-Liner Konturlinien an.

3 Schmücken Sie die Kakteen mit Linien und Punkten, damit sie stachelig aussehen; sie können sogar rote/rosa Blüten hinzufügen. Malen Sie mit einem rosa Flüssigfarbstift oder schwarzem Fine-Liner blumige Details in die anderen Kakteen. Tupfen Sie in die türkisfarbenen ein paar grüne Flecken und weiße Punkte.

Einfache Eulen

1. Halten Sie Ausschau nach einem Stein, der zu einer Eulengestalt passt (die meisten ovalen Steine sind geeignet) und skizzieren Sie mit einem Bleistift Ihr Eulenbild. Zeichnen Sie Körperteile, Flügel, Augen und den Schnabel. Suchen Sie die Farben heraus, die Sie für die Hauptpartien der Eule verwenden wollen.

2. Verwenden Sie kräftige Farben für einen starken Ausdruck. Fügen Sie mit einem Fine-Liner schwarze Konturen ein. Für ein einfaches Eulenbild unterteilen Sie den Körper mit Wellenlinien und füllen die Zwischenräume z.B. mit winzigen Ovalen.

3. Sie können aber auch einfach große Punkte hineinmalen und in einer anderen Farbe kleine Punkte darüber setzen. Zeichnen Sie diagonale Linien als stilisierte Federn über die Flügel, oder ziehen Sie ein paar gekrümmte Linien und füllen die freien Partien des Flügels mit einer anderen Farbe. Als krönender Abschluss setzen Sie weiße Punkte in die Augen.

Detailreiche Mandalas

1 Für ein farbenfrohes, detailreiches Mandala benötigen Sie runde, flache Steine mit einer glatten Oberfläche. Mit Bleistift können Sie Ihre Mandalaentwürfe direkt daraufzeichnen. Beginnen Sie mit einem einfachen Kreis, immer im Zentrum.

2 Wenn Sie einige blumen- und blütenblattähnliche Motive hinzugefügt haben, ziehen Sie einen Kreis um sie herum. Versuchen Sie, Reihen aus Halbovalen und Dreiecken drumherum anzuordnen. Um die Spitzen der Dreiecke legen Sie einen weiteren Kreis und setzen blütenförmige Motive darüber. Sie können auch verschiedene Motive auf eine Reihe kleiner Kreise zeichnen, wie sie am rechten Stein zu sehen sind.

3 Füllen Sie alle Teile Ihres Mandalas mit Acrylfarben und -tusche aus. Hier habe ich verschiedene Pastellfarben gewählt, die farblichen Möglichkeiten sind aber unbegrenzt.

4 Ziehen Sie mit einem schwarzen Fine-Liner Konturlinien. Wenn die Tinte getrocknet ist, können Sie Ihre Mandalasteine mit Details versehen. Beginnen Sie mit einigen schwarzen Punkten und Linien und setzen Sie kleine schwarze Dreiecke zwischen halbovale Motive.

5 Malen Sie hellere bunte Punkte in die Halbovale. Danach können Sie Ihr Mandala mit parallelen dünnen Linien und ein paar kleinen und großen Punkten füllen. Verwenden Sie Acrylstifte, Federhalter mit schwarzer Tusche und schwarze Fine-Liner für diese Details.

6 Mit diesen Techniken können Sie ganz unterschiedliche Mandalamuster herstellen, indem Sie Farben und Formen verändern. Je mehr Muster Sie ausprobieren, desto souveräner werden Sie. Vergewissern Sie sich, dass Acrylfarben, Acrylstifte und Fine-Liner griffbereit am Arbeitsplatz liegen.

Tipp!

Mandalabilder sind nicht nur schöne Schmuckstücke für Ihr Heim, sie stehen auch als spirituelle und rituelle Symbole für das Universum und können die Meditation unterstützen.

71

Farbenprächtiger Pfau

1 Sie benötigen einen großen, runden, flachen Stein, um einen Pfau darzustellen. Grundieren Sie den Stein mit blaugrüner oder hellgrüner Acrylfarbe, lassen am Rand aber einen halben Zentimeter frei. Alternativ können Sie den Stein auch bis zum Rand bemalen.

2 Wenn die Farbe durchgetrocknet ist, skizzieren Sie mit Bleistift den Pfau auf den Stein. Zeichnen Sie den Körper und ein paar Kreise um ihn herum. Füllen Sie die leeren Flächen zwischen den Kreisen wie beim Mandala mit Halbovalen, Dreiecken und Feder-Elementen.

3 Malen Sie Ihre Pfauenskizze mit Acrylfarben und -tusche bunt aus. Ziehen Sie mit dem Fine-Liner Konturen um jede Form, um die Farben zu betonen. Dann zeichnen Sie Details und malen federartige Halbovale auf den Körper, die Sie mit dünnen Linien und Punkten füllen.

4 Setzen Sie Punkte in die Mitte der Halbovale und für die Augen und zeichnen Sie ein paar winzige weiße Linien auf den Hals. Stilisieren Sie Federn durch winzige parallele Linien, füllen Sie freie Flächen mit bunten Punkten und konturieren Sie in verschiedenen Farben.

Feine Schmetterlinge und Libellen

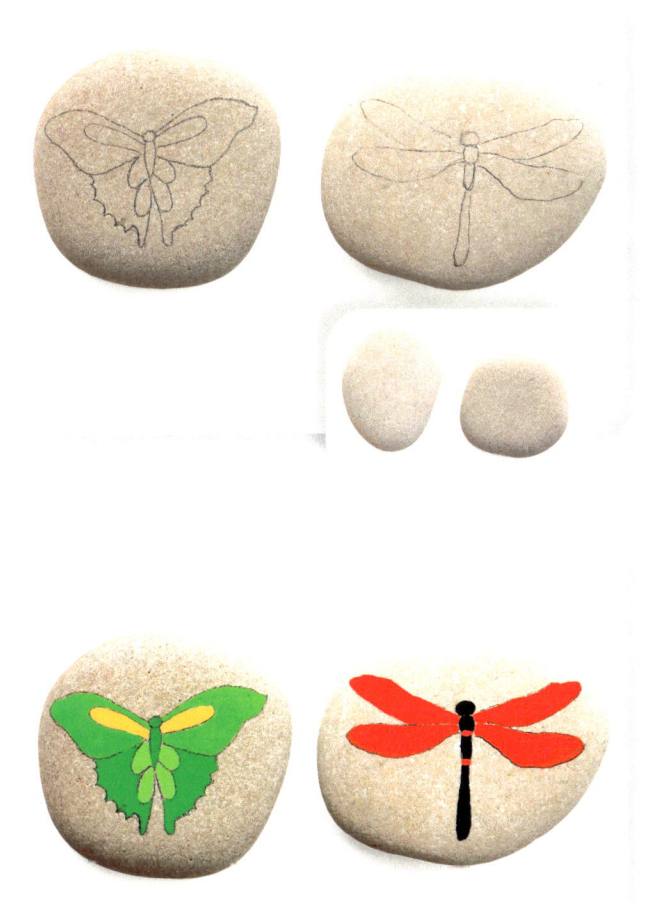

1 Für dieses Projekt brauchen Sie unterschiedlich geformte Steine. Für Schmetterlinge sind runde oder ovale Steine geeignet, für Libellen müssen Sie ovale, etwas längliche Steine suchen. Sobald Sie die richtigen Steine gefunden haben, skizzieren Sie mit einem Bleistift Ihre Schmetterlinge und Libellen darauf.

2 Jetzt können Sie Farben auftragen. Malen Sie Ihre Zeichnungen mit mehreren lebhaften Farben aus. Für den Schmetterling habe ich grün und gelb und für die Libelle rot und schwarz gewählt und Acrylfarben und -tusche benutzt.

3 Ziehen Sie mit schwarzen Fine-Linern Konturlinien. Danach können Sie mit schwarzen Fine-Linern, bunten Acrylstiften oder mit Acryltusche und Federhalter Details zugeben, z.B. Linien und Punkte in verschiedenen Größen und Farben sowie verschiedene Farbflächen und kurze, dünne, weiße Linien. Ein goldener oder bronzefarbener Rand gibt dem Bild etwas Prachtvolles.

Abstrakte Kunst

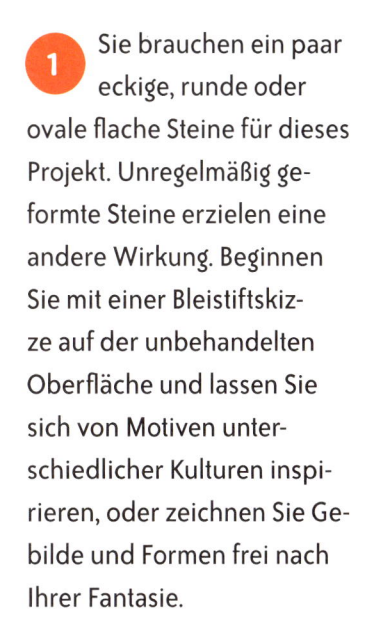

1 Sie brauchen ein paar eckige, runde oder ovale flache Steine für dieses Projekt. Unregelmäßig geformte Steine erzielen eine andere Wirkung. Beginnen Sie mit einer Bleistiftskizze auf der unbehandelten Oberfläche und lassen Sie sich von Motiven unterschiedlicher Kulturen inspirieren, oder zeichnen Sie Gebilde und Formen frei nach Ihrer Fantasie.

2 Mit Acrylstiften und Acryltusche malen Sie dann Ihre Zeichnungen aus. Dieses Projekt bietet eine gute Gelegenheit, mit vielen verschiedenen Farben zu experimentieren.

3 Setzen Sie mit einem schwarzen Fine-Liner Konturlinien. Zur Vollendung Ihrer Darstellung fügen Sie mit schwarzen Fine-Linern und Acrylstiften Details ein. Wie immer können Sie Linien, Punkte, Dreiecke, Blätter, Halbkreise, Wellen oder Linien verwenden. Viele Details verleihen Ihrem Bild ein üppiges Aussehen.

Für die Festtage

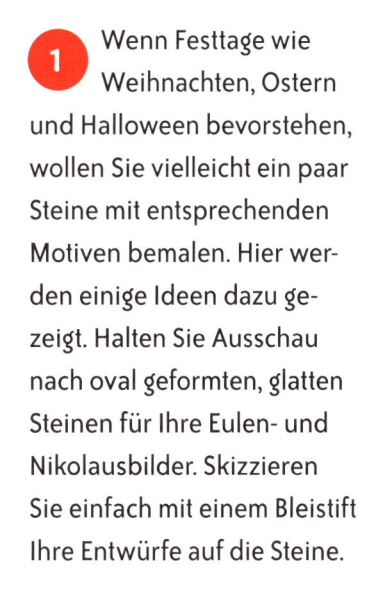

1 Wenn Festtage wie Weihnachten, Ostern und Halloween bevorstehen, wollen Sie vielleicht ein paar Steine mit entsprechenden Motiven bemalen. Hier werden einige Ideen dazu gezeigt. Halten Sie Ausschau nach oval geformten, glatten Steinen für Ihre Eulen- und Nikolausbilder. Skizzieren Sie einfach mit einem Bleistift Ihre Entwürfe auf die Steine.

2 Malen Sie sie dann Ihre Entwürfe mit Weihnachtsfarben aus, wie z.B. Grün, Rot, Weiß und Gold, und ziehen anschließend, wie immer, mit einem schwarzen Fine-Liner Konturlinien um jedes Element.

3 Zur Aufwertung der Darstellung können Sie Punkte, Linien, Goldsterne oder kleine Kreuze darüber malen. Verwenden Sie dabei Acrylstifte, goldene Tusche oder Fine-Liner.

Phantasievolle Vögel

1 Für dieses Projekt benötigen Sie einen oval geformten, glatten Stein. Zeichnen Sie Ihre Vogelskizze mit einem Bleistift auf den Stein.

2 In dieser Phase können Sie entweder nur einen einfachen Vogel zeichnen oder schon alle Details anbringen.

3 Bemalen Sie Ihren Vogel mit den Farben und Materialien, die Sie benutzen wollen. Hier habe ich Acryltusche und dünne runde Pinsel für größere Flächen und Acrylstifte mit extra feinen Spitzen für die kleineren Umrisse verwendet. Ist die Farbe getrocknet (ca. 30 Min.), können Sie Details hinzufügen.

4 Zeichnen Sie dünne parallele Linien, Punkte und Halbkreise, um den Körper und die Federn des Vogels auszufüllen. Kleine Blüten an den Linien steigern die Wirkung. Für solche Details verwenden Sie extra feine Fine-Liner mit wasserfester Tinte, Federhalter mit Acryltusche oder Acrylstifte mit feinster Spitze.

Bunte Elefanten

1 Für bunte Elefantenbilder eignen sich besonders flache, große Steine mit einer glatten Oberfläche. Sie können die Oberfläche des Steins entweder mit einer Farbe Ihrer Wahl grundieren oder auch direkt auf der unbehandelten Oberfläche arbeiten. Suchen Sie zuerst einen oval geformten, großen, flachen Stein.

2 Zeichnen Sie mit einem Bleistift die Skizze eines Elefanten. Sie können einfach nur die Umrisse eines einfachen Elefanten zeichnen oder aber Sie fügen in dieser Phase bereits alle Details hinzu.

3 Beginnen Sie, Ihren Elefanten mit den Farben und Materialien auszumalen, die Sie verwenden wollen. Hier habe ich Acryltusche und dünne runde Pinsel für größere Flächen und Acrylstifte mit extra feiner Spitze für die kleineren Details benutzt.

4 Ziehen Sie mit schwarzen Fine-Linern Konturlinien um Ihr Bild.

5 Nun können Sie Ihr Bild mit Details versehen und Ihren Elefanten mit dünnen parallelen Linien, Punkten und Halbkreisen ausfüllen.

6 Kleine Blumen auf dem Elefanten lassen ihn hübscher aussehen. Für alle Details können Sie extra feine Fine-Liner mit wasserfester Tinte verwenden, oder Federhalter mit Acryltusche bzw. Acrylstifte mit extra feiner Spitze benutzen.

Tipp!

Ihr Bild sieht besser aus, wenn Sie mit einem schwarzen Fine-Liner Konturen hinzufügen. Falls Sie keine kräftigen Linien mögen, können Sie Ihr Bild auch ohne Konturen lassen.

85

Einfarbige Mandalas

1 Ein runder Stein mit einer glatten Oberfläche ist für dieses Projekt gut geeignet. Hier habe ich seine Oberfläche mit schwarzer Acrylfarbe bemalt. Wenn Sie in der Natur dunkle Steine finden können, ist das noch besser.

2 Zeichnen Sie mit einem weißen Stift die Details Ihres Mandalas auf den Stein. Es ist nicht notwendig, jetzt schon alle Details zu zeichnen – Sie können später noch welche hinzufügen.

3 Beginnen Sie, ausgehend von der Mitte, mit einem Federhalter alle Umrisse mit goldener Acryltusche nachzuziehen.

4 Versuchen Sie, langsam und mit einer ruhigen Hand zu arbeiten, wenn Sie die Linien und Kreise zeichnen. Achten sie darauf, dass die Anfangs- und Endpunkte zusammentreffen.

Steinanhänger

1 Für das Mandalamuster wählen Sie runde Steine und versehen Sie sie mit einem Ring (vgl. S. 13-14, dort wird beschrieben, wie man Steine durchbohrt und einen Ring befestigt). Übertragen Sie dann Ihr Muster mit einem Bleistift auf hellere Steine oder mit einem weißen Stift auf dunklere Steine.

2 Malen Sie Ihre Zeichnungen in verschiedenen Farben aus. Hier habe ich satte grüne, gelbe und violette Farbtöne benutzt, Sie können sich aber auch einfach von Ihrer Fantasie leiten lassen. Wenn die Farbe getrocknet ist, zeichnen Sie mit einem schwarzen Fine-Liner Konturlinien ein.

3 Nun bringen Sie mit Acrylstiften und Fine-Linern Details an; fügen Sie winzige Linien, Punkte und Formen ein. Wenn Sie sich bei einem Muster nicht sicher sind, malen Sie es erst auf einem Blatt Papier vor. Gefällt Ihnen das Muster, üben Sie es noch einmal, bevor Sie es auf den Stein malen.

1 Für das Eulenbild wählen Sie ovale Steine und bringen jeweils einen Ring an. Zeichnen Sie dann Ihre Skizzen; verwenden Sie für hellere Steine einen Bleistift und für dunklere einen weißen Stift.

2 Malen Sie Ihre Zeichnungen mit verschiedenen Farben aus. Sie können für jede Reihe Federn eine andere Farbe wählen oder von Feder zu Feder abwechselnd zwei Farben auftragen. Wenn Sie sich für ein Muster entschieden haben und die Farbe getrocknet ist, ziehen Sie mit schwarzem Fine-Liner Konturlinien.

3 Jetzt können Sie mit Acrylstiften und Fine-Linern Details hinzufügen. Wenn Sie sich nicht sicher sind, wie Sie die Federn der Eule darstellen wollen, können Sie die Vogel-Projekte in diesem Buch zu Rat ziehen. Mit einer goldene Außenlinie um die Eule herum erhält das Bild ein funkelndes Aussehen.

1 Suchen Sie für den dritten Entwurf herzförmige Steine aus und versehen Sie sie mit einem Ring (herzförmige Steine können Sie in vielen Bastelgeschäften bekommen). Zeichnen Sie dann mit einem Bleistift Ihre Skizzen; verwenden Sie für hellere Steine einen Bleistift und für dunklere einen weißen Stift.

2 Malen Sie Ihre Muster mit verschiedenen Farben aus. Für den Schmetterling habe ich hauptsächlich blaue und lila Farbtöne verwendet und mit schwarzem Fine-Liner Konturen gezogen. Das Mandala auf dem schwarzen Herzstein ist mit weißer Tusche und Feder gezeichnet und wirkt besonders durch die Einfarbigkeit.

3 Bringen Sie mit Acrylstiften und Fine-Linern Details an. Beim Schmetterling habe ich Akzente in Gelb und Rosa gesetzt und winzige weiße Punkte um den Saum der Flügel gelegt. Beim Mandala können Sie noch ein paar geometrische Schichten um die Ränder legen und winzige Punkte in freie Flächen setzen.

Feinstrukturierte Eulen

1 Suchen Sie Steine, die zu einer Eulengestalt passen – ovale Steine eignen sich gut.

2 Skizzieren Sie Ihre Eule mit einem Bleistift. Zeichnen Sie Körperteile, Flügel, Augen und den Schnabel ein.

3 Wählen Sie für die Hauptpartien der Eule Farben, die Ihnen gefallen. Dann kommen die Details, mit Acryltusche und Acrylstiften in kräftigen Farben gezeichnet, gut zur Geltung. Teilen Sie die Flügel der Eule mit vertikalen Linien und füllen Sie die Flächen mit Farnmotiven, parallelen Linien oder großen Punkten. Für das Federkleid können Sie auch Reihen mit Halbovalen und Punkten malen.

4 Als Krönung malen Sie ein paar weiße Punkte in die Augen und zeichnen Augenwimpern. Damit Ihre Eule prächtig aussieht, zeichnen Sie noch winzige Linien und Punkte in den Kopfbereich. Für all diese Details können Sie Fine-Liner, Acrylstifte oder Federhalter verwenden. Sie können auch Acryltusche und feine runde Pinsel benutzen.

Über die Autorin

Die aus Istanbul stammende Autorin F. Sehnaz Bac studierte Archäologie an der Ege Universität, Izmir und erwarb einen Magisterabschluss für Restaurierung und Konservierung an der Fakultät für Archäologie. Die vergangenen zwei Jahrzehnte arbeitete sie an vielen türkischen Ausgrabungsstätten als Archäologin und Zeichnerin. Ihre detaillierten technischen Zeichnungen von diesen Orten haben ihre fantasievollen Steinbilder beeinflusst, die sie, von der Natur inspiriert, mit Wasser- und Acrylfarbe, Tusche und Markern farbenreich gestaltet.

Sehnaz zeigt ihre bemalten Steine auf www.facebook.com/isassidelladriatico und verkauft sie bei Etsy: www.etsy.com/shop/isassidelladriatico.

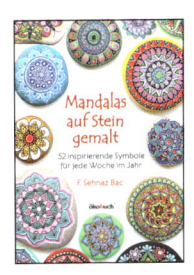

Weitere Bücher im ökobuch Verlag

Steine bemalen für Kinder
Kindgerechte Entwürfe, die der Kreativität Flügel verleihen. Das Buch liefert Vorlagen für den Einstieg in künstlerische Aktivitäten, zeigt in Schritt-für-Schritt-Anleitungen, wie mit einfachen Maltechniken, Formen und Strukturen kunstvolle und lustig-bunte Steine gestaltet werden können. Von F. Sehnaz Bac. 96 Seiten, mit vielen farbigen Abbildungen, 13,95 €

Mandalas auf Stein gemalt
52 inspirierende Symbole für jede Woche im Jahr. In diesem Buch wird Schritt-für-Schritt gezeigt, wie Steine in inspirierende Mandalas verwandelt werden können – uralte Symbole, kraftvolle Motive! Von F. Sehnaz Bac. 126 Seiten, mit vielen farbigen Abbildungen, 16,95 €

Biogarten Handbuch
Anleitung zum naturgemäßen Gärtnern in Bildern. Hier wird das notwendige Wissen vermittelt, um erfolgreich den Boden zu bestellen und reichhaltig gesundes Obst und Gemüse zu ernten. Von Annelore und Susanne Bruns. 142 Seiten, viele Abbildungen, 13,90 €

Werkbuch Biogarten
Anleitung zum handwerklichen Arbeiten in Bildern: Bau von Kompostbehältern u. Frühbeeten, Pflanzengerüsten, kleinen Lagerkellern, Kräuterspiralen, Vogelnistkästen u.v.m. Von Annelore und Susanne Bruns. 112 Seiten, mit vielen Abbildungen, 12,90 €

Auf 300 qm Gemüseland
… den Bedarf eines Haushalts ziehen. Wie man auf kleinstem Raum einen Nutzgarten anlegt und erfolgreich bewirtschaftet, können wir von unseren Vorfahren lernen. Mit schnellen, praktischen, alphabetisch geordneten Infos über die wesentlichen Pflanzen, über Anbau- und Arbeitsmethoden. Von Arthur Janson. Neugestalteter Nachdruck der Erstausgabe von 1926. 170 Seiten, 13,95 €

Saatgut aus dem Hausgarten
Nach einer Einführung in die Saatgutgewinnung und in die Praxis der Vermehrung werden die nötigen Hilfsmittel, Ernte, Reinigung und Lagerung der Samen sowie Aussaat und Aufzucht beschrieben. Mit kurzen Pflanzenporträts aller im Hausgarten üblichen Kräuter, Gemüse und Blumen. Von Marlies Ortner. 138 Seiten, mit vielen farbigen Abbildungen, 19,90 €

Trocknen und Dörren mit der Sonne
Bau & Betrieb von Solartrocknern. Ein Buch für alle, die einen funktionstüchtigen Solartrockner kostengünstig selbst bauen möchten, um Obst, Gemüse und Kräuter natürlich und hochwertig haltbar zu machen. Außerdem: Praxis des Trocknens mit vielen Tipps aus langjähriger Erfahrung. Herausgegeben von Claudia Lorenz-Ladener. 96 Seiten, mit vielen farbigen Abbildungen, 13,95 €

Terrassen und Decks aus Holz selbst gebaut
Planungsüberlegungen, sinnvolle Konstruktionen, Materialempfehlungen. Viele Beispiele und Schritt-für-Schritt-Bilder vermitteln das Wissen zum Bau schöner Holzdecks. Von Peter Himmelhuber. 102 Seiten, mit vielen farbigen Abbildungen, 14,95 €

Mein Garten lebt
Vögel, Schmetterlinge, Igel, Wildbienen und andere nützliche Tiere ansiedeln. Mit Bauanleitungen und Gestaltungsideen, um durch Nisthilfen, Schlafquartiere u.ä., Gärten tierfreundlich zu gestalten. Von Peter Himmelhuber. 96 Seiten, mit vielen farbigen Abbildungen, 13,95 €

Natürlich konservieren
Die 250 besten Rezepte, um Gemüse und Obst möglichst naturbelassen haltbar zu machen und ein maximum an Vitaminen, Nährstoffen und Geschmack zu erhalten. Herausgegeben von Terre Vivante. 160 Seiten, mit vielen Abbildungen, 13,90 €

Trockenmauern für den Garten
Bauanleitung & Gestaltungsideen. Ob Sitzplätze oder Hochbeete einzufassen, eine Hangfläche zu terrassieren oder das Grundstück einzugrenzen: Mit einfachen Werkzeugen kann jeder kostengünstig eine schöne und dauerhafte Trockenmauer selbst bauen. Von Jana Spitzer und Reiner Dittrich. 96 Seiten, mit vielen farbigen Abbildungen, 13,95 €

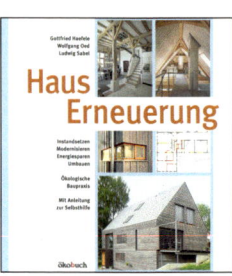

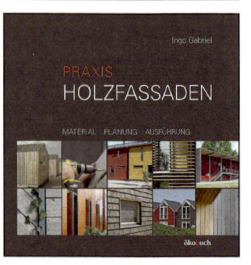

Bunte Körbe aus Gräsern und Kräutern
Die Technik des Korbwickelns neu entdeckt. Anleitungen zur Herstellung von bunten Körben durch Wickeln und Vernähen von Strängen aus heimischen Faserpflanzen. Mit vielen Schritt-für-Schritt-Anleitungen. Von Walter Friedl. 96 Seiten, mit vielen farbigen Abbildungen, 17,95 €

Hauserneuerung
Instandsetzen - Modernisieren - Energiesparen - Umbauen: mit Anleitung zur Selbsthilfe. Das Buch beschreibt ausführlich den behutsamen, handwerklich sachgerechten und umweltverträglichen Umgang mit alter Bausubstanz. Von G. Haefele, W. Oed und L. Sabel. 256 Seiten, mit vielen Abbildungen, 28,90 €

Vom Altbau zum Effizienzhaus
Energietechnische Gebäudesanierung in der Praxis: Nachträgliche Wärmedämmung der Gebäudehülle, Fenstererneuerung, sowie Sanierung der Haustechnik einschließlich Lüftung, Heizung, Sanitär und Elektro. Hrsg. von Ingo Gabriel und Heinz Ladener. 200 Seiten, mit vielen farbigen Abbildungen, 36,- €

Praxis: Holzfassaden
Material, Planung, Ausführung. Das Buch zeigt nicht nur die gestalterischen Möglichkeiten moderner Holzfassaden, sondern stellt zahlreiche vorbildliche Beispiele und Detaillösungen mit Ecken, Sockel, Dach- und Fensteranschlüssen vor. Von Ingo Gabriel. 112 Seiten, mit vielen farbigen Abbildungen, 28,- €

Handbuch Lehmbau
Umfassendes Lehrbuch und Nachschlagewerk: Es zeigt Einsatzmöglichkeiten, Eigenschaften und Verarbeitungstechniken des Baustoffes Lehm. Mit Forschungsergebnissen und Beschreibungen ausgeführter Lehmhäuser. Von Gernot Minke. 222 Seiten, mit vielen Abbildungen, 38,- €

Neues Bauen mit Stroh in Europa
Bauen mit großformatigen Quadern aus gepresstem Stroh: gebaute Beispiele, erprobte Bauformen und Konstruktionen, Besonderheiten, neue Projekte und Forschungen. Von H. u. A. Gruber u. H. Santler. 112 Seiten, mit vielen Abbildungen, 14,95 €

Handbuch Strohballenbau
Ein Konstruktions-Handbuch, das Konzeption, Bautechnik und alle Details beschreibt, um aus Strohballen gut gedämmte, dauerhafte Häuser zu bauen. Mit vielen Konstruktionsdetails und Beispielen. Von Gernot Minke und Benjamin Krick. 152 Seiten, mit vielen farbigen Abbildungen, 29,90 €

Die neue Heizung
Umweltfreundlich und wirtschaftlich heizen mit Gas, Holz, Strom und Sonnenenergie. Eine vergleichende Übersicht über moderne Heizungstechniken und deren Einsatz in gut gedämmten Gebäuden. Von M. Schulz u. H. Westkämper. 230 Seiten, mit vielen farbigen Abbildungen, 29,90 €

Regenwasser für Garten und Haus
Ein kompetenter Ratgeber für Planung und Bau von Regenwassersammelanlagen nach dem Stand der Technik: Bemessung, Genehmigung, Speichertanks, Pumpen, Rohrleitungen, Zubehör. Von Karlheinz Böse. 96 Seiten, mit vielen Abbildungen, 12,95 €

Autonome Stromversorgung
Auslegung, Aufbau und Praxis autonomer Stromversorgungsanlagen mit Batteriespeicher für Beleuchtung und für netzferne Handwerks- u. Landwirtschaftsbetriebe. Von Philipp Brückmann und Georg Bopp. 126 Seiten, mit vielen Abbildungen, 18,95 €

Unsere Bücher erhalten Sie in allen Buchhandlungen.
www.oekobuch.de · E-Mail: verlag@oekobuch.de

ökobuch
Zukunft leben